AF224478

CORRESPONDANCE

ENTRE UN BRETON

ET UN DE SES COMPATRIOTES,

CONNU PAR DE GRANDS SUCCÈS LITTÉRAIRES.

IMPRIMERIE DE Mme. V^e. PERRONNEAU,
QUAI DES AUGUSTINS, N°. 39.

CORRESPONDANCE

ENTRE UN BRETON

ET UN DE SES COMPATRIOTES,

CONNU PAR DE GRANDS SUCCÈS LITTÉRAIRES.

A PARIS,

Chez PLANCHER, Libraire, rue Serpente, n°. 14;

Et chez DELAUNAY, Libraire au Palais-Royal, galeri
de bois.

1816.

CORRESPONDANCE

ENTRE UN BRETON

ET UN DE SES COMPATRIOTES,

CONNU PAR DE GRANDS SUCCÈS LITTÉRAIRES.

————*——*————

JE reçois à l'instant, Monsieur, et tout à la fois, votre ouvrage intitulé : *de la Monarchie selon la Charte*, et deux brochures qui y sont relatives.

Après les avoir bien lus, Monsieur, je vous avoue que je suis du même avis que vos adversaires, et que, si j'ai quelques reproches à leur faire, c'est de n'avoir pas abordé la question assez franchement. Je pense que, pour votre conduite avenir, vous avez besoin d'un avertissement tout entier; je vais vous le donner avec cette franchise bretonne, que vous aviez reçue tout comme moi de nos pères, mais que vous avez perdue ou négligée dans la fréquentation des nations civilisées et des sauvages.

Prenez garde, Monsieur, que mon intention ne peut être de vous fâcher. Si la vérité vous déplaisait, vous donneriez à penser que vous ne l'aimez pas, que vous ne l'avez jamais recherchée, que ce n'est pas pour elle que vous vous êtes donné tant d'agitation, que vous avez écrit tant de pages. Alors, comment voudriez-vous que l'on vous pardonnât les innombrables inconséquences, erreurs, fautes de calcul, anachronismes dans lesquels vous êtes tombé, et quelques petits mensonges par-ci par-là....

Ne serait-ce pas autoriser le bruit qui s'est répandu, que, non-seulement, vous vous étiez trompé, mais même que vous aviez bien évidemment voulu vous tromper. On a ajouté que, dans le besoin où vous étiez de faire du bruit, vous aviez manifesté le projet de vous faire chef de parti, en cherchant à établir une doctrine nouvelle; et vous concevez bien Monsieur, qu'une pareille prétention de votre part serait d'autant plus impardonnable, que vous avez assez de talens pour sentir que cela pourrait vous mener beaucoup plus loin que l'obscurité.

Mais comme ce n'est pas tout, Monsieur, de vous faire des reproches vagues, et des observations, dans la généralité desquelles vous pourrez trouver un prétexte d'incrédulité, je vais entrer sans humeur dans quelques détails. Ils vous prouveront que vous avez toujours manqué de cette rectitude de jugement et de cette délicatesse de goût qui caractérisent la véritable sagesse; un écrivain ne peut jamais s'en écarter sans s'exposer aux plus justes et aux plus graves reproches.

En 1797, vous étiez en Angleterre. Vous aviez déjà fait provision d'une multitude d'articles dont vous avez cru qu'il était de votre devoir, ou tout au moins de votre intérêt, de donner communication au public, et vous avez *fait imprimer* vos Essais.

De bonne foi, Monsieur, convenez que vous n'avez pas fait alors, une attention assez sérieuse à l'opinion publique; peut-être que si vous ne l'eussiez pas aussi indiscrètement méprisée, vous en eussiez reçu une leçon utile ; et que, par suite, profitant d'une salutaire expérience pour corriger votre pétulence, votre inconséquence et votre légèreté, vous eussiez pu offrir quelques dédommagemens dans des productions estimables.

L'opinion publique vous eût appris, Monsieur, que quand on écrit en français, le premier devoir est de respecter la langue dont on se sert ; vous annonciez un trop vaste fond d'érudition pour faire soupçonner que vous ne l'eussiez point apprise, et vous n'eussiez pas mêlé au langage d'un peuple civilisé, l'incompréhensible jargon des Sauvages.

Vous devez vous souvenir des avertissemens qui vous ont été donnés par M. l'abbé B.... Cet ouvrage est d'autant plus utile, qu'il était intéressant de faire sentir, que la prétention que vous aviez manifestée de fonder une nouvelle école, était tout au moins indiscrète.

Puisque vous prétendiez soutenir la cause de la monarchie, contre les révolntionnaires qui tentaient de la détruire, pourquoi votre

affectation à préconiser la république. Ne sa-
viez-vous pas, comme moi, Monsieur, et ne
l'avions-nous pas dit mille fois ensemble, qu'il
n'a jamais existé de république : en consultant
l'histoire ancienne, qui vous est si familière,
vous auriez pu vous en convaincre ; alors, votre
enthousiasme était folie, exagération ; peut-
être même *quelque chose de pire*.

Puisque vous prétendiez avoir embrassé la
cause de l'illustre famille, que les fureurs de
la révolution avaient forcée de s'expatrier,
vous auriez dû respecter son malheur ; c'était
à vous à soutenir sa légitimité : bien loin de
là, vous ne représentez nos princes que sous
les couleurs les plus défavorables ; vous en
parlez avec la plus coupable irrévérence, et,
permettez-moi de vous le dire, vous leur in-
sultez avec la plus scandaleuse lâcheté.

Vous étiez incrédule, Monsieur, lorsque
vous avez composé vos essais. En pareil matière, pour se permettre des diatribes contre
une religion existante quelle qu'elle soit, vous
conviendrez avec moi qu'il faut avoir des rai-
sons contraires tellement établies, qu'elles ne
puissent laisser aucun doute ; dans ce cas, un

esprit droit se sert du raisonnement, au lieu de se permettre l'injure. Comment avez-vous parlé du *souverain Pontife et des prêtres ?*

De la manière même dont vous avez parlé de Dieu, quelques personnages distingués ont cru s'apercevoir que vous ne croyez point *alors* à son existence.

Vous avez la manie, Monsieur, de faire un pompeux étalage de votre érudition, et vous vous autorisez à chaque instant des différentes époques de l'histoire ancienne ; mais votre mémoire, souvent en défaut, a fait découvrir les plus étonnans anachronismes ; vous avez voulu tout comparer, gouvernemens, batailles, généraux, etc., et la folie de cette prétention, vous a conduit, mille fois, aux rapprochemens les plus ridicules. Souvenez-vous d'avoir comparé le gouvernement de Carthage avec celui d'Angleterre ; Dumourier avec je ne sais plus quel héros de l'antiquité, la bataille de Fleurus avec . . . , etc.

J'aurais l'air, Monsieur, de mettre de l'humeur dans l'examen de vos *Essais,* si je le poussais plus loin ; ce sentiment est loin de mon cœur. Je ne prétends point vous injurier, mais seulement vous proposer quelques réflexions dont vous puissiez composer votre expérience.

J'aurais pu, par exemple, vous faire observer que vous aviez déjà commencé la théorie de ce style extraordinaire que vous avez employé depuis avec une si prodigieuse prodigalité; reportez-vous, pour vous en convaincre, à la belle description que vous nous avez donnée de la nuit que vous avez passée auprès de cette jolie sauvage dans les forêts du Canada, *lorsqu'une belle lune inondait la plaine de ses rayons.....*

Rentré en France, vous avez senti la nécessité de vous créer une réputation par une production plus importante. Vous saviez bien que celle que pouvait vous avoir procuré votre première tentative, r'était qu'éphémère, et vous nous avez donné votre *Génie du Christianisme.*

Dans cet ouvrage vous aviez à réparer les erreurs de votre jeunesse, vous vous y êtes pris d'une manière assez mal-adroite. Vous nous avez dit, par exemple : *que vous aviez cru parce que vous aviez pleuré ; j'avais* pensé, jusqu'ici, Monsieur, que l'on allait chercher les motifs de sa foi dans la conviction, vous avez préféré trouver les vôtres dans *vos larmes*. Cela est si beau, que cela finit par être absurde.

Vous aviez à fournir une carrière extrêmement intéressante, puisqu'il s'agissait de nous rappeler à la religion de nos pères et par conséquent à la morale. Vous avez parcouru cette carrière à pas de géant; vous avez, à la vérité, interverti quelques faits, tiré quelques conséquences au moins équivoques; mais enfin, votre ouvrage est sorti vainqueur de plusieurs reproches qu'on aurait pu lui faire à juste titre : n'attribuez point ce triomphe à son mérite, personne plus que vous, Monsieur, ne sait combien vous avez été servi par les circonstances.

Cependant, en appréciant bien cet ouvrage, il est aisé de voir qu'il n'a été reçu avec autant d'avidité, que parce que la matière qu'il traitait était devenue un besoin pour un peuple fatigué des convulsions dont les factieux venaient de l'agiter, jusque dans l'objet le plus sacré de ses espérauces, jusque dans le motif le plus puissant de ses consolations ; et ceux qui ont cru vous comprendre vous ont admiré, et vous ont comblé de bénédictions.

Je dis ceux qui ont cru vous comprendre, Monsieur, parce que vous avez enveloppé les sublimes vérités que l'on eût tant aimé à entendre, d'un style tellement boursoufflé qu'il en est inintelligible, et plusieurs personnes m'ont dit, qu'elles avaient été tellement rebutées par les difficultés, qu'elles n'avaient jamais pu parvenir à vous lire jusqu'à la fin.

C'était pourtant dans une matière aussi solennelle, et d'une aussi générale et si importante utilité, que vous eussiez dû chercher à vous mettre à la portée de tout le monde, puisqu'il est probable que votre intention était d'être également utile à tous ; nous avons une trop récente preuve de votre grande facilité à manier le style *populaire,* pour ne pas vous savoir mauvais gré d'en avoir employé un d'une si impénétrable *sublimité,* en nous parlant du *Génie du Christianisme.*

De sorte, Monsieur, que l'on pourrait vous

dire, avec quelques fondemens : « Lorsqu'il est question d'être utile, vous devenez inintelligible ; mais vous savez très-bien vous faire entendre lorsqu'il est question de nuire. »

Vous voyez, Monsieur, où nous entraîne la funeste manie de faire du bruit et d'innover ; vous voyez sur-tout le grand inconvénient qui résulte de la prétention à l'universalité ; on finit toujours par laisser apercevoir l'insuffisance, ou tout au moins par tomber dans des contradictions ridicules.

On vous a encore reproché des faits dénaturés, des raisonnemens faux et des citations tronquées, mais cela devait passer alors avec le reste ; l'on ne s'en est aperçu que lorsque, justement étonné de la réputation colossale que vous veniez d'usurper, on s'est donné la peine d'examiner la solidité de la base sur laquelle elle reposait.

Dans vos *Essais*, vous aviez paru professer presque l'athéisme ; dans le *Génie du Christianisme*, sans autre motifs *que vos larmes*, vous vous faites tout à coup *dévot ;* vous comprenez bien qu'il est impossible de donner une confiance aveugle à une conversion aussi subite, et que la plus grande grâce que l'on puisse vous faire, c'est de regarder en même pitié le *péché* et le *repentir.*

Je n'ai jamais pu comprendre ce passage dans lequel vous dites que l'on doit reporter l'existence du globe à un tems bien antérieur à celui qui nous est indiqué par notre croyance, et vous citez, à l'appui de votre assertion, les différens monumens qui la prouvent.

Cependant, il fallait vous entendre avec les historiens sacrés, et vous en avez trouvé l'heureuse facilité dans la question suivante :

Mais qui vous a dit que Dieu n'ait pas créé la matière dans l'état de vétusté où elle est aujourd'hui?

— J'ai longtems réfléchi, Monsieur, avant de ponvoir concevoir une semblable contradiction. Ainsi, suivant vous, Dieu, en créant, aurait tout à la fois produit l'ordre et la confusion, aurait imposé des limites à la mer, et, pourtant, aurait fait les submergemens : il aurait fait la belle organisation de la nature, et tout à la fois les volcans; il aurait fait tout à la fois la matière coordonnée et détruite; il aurait fait l'homme innocent et coupable; enfin, suivant vous, et c'est la conséquence nécessaire de votre raisonnement, il aurait fait tout à la fois l'opération de la sagesse et de la prévoyance, et celle de la démence et de l'oppression.

Répondez, je vous prie.

Vous avez cru devoir, à l'exemple de vos devanciers, mettre votre doctrine en action, et vous avez enfanté votre épisode d'*Atala.*

On ne peut nier que vos personnages ne soient bien pénétrés de l'amour de Dieu, cependant on y voit à chaque instant percer la faiblesse de la chair. Votre imagination heureuse vous fournit, il est vrai, un bon prêtre, un coup de tonnerre et du poison, pour empêcher votre héroïne de tomber irrévocablement dans l'abîme; mais cette ingénieuse machine n'empêche pas votre Roman d'être un peu trop leste, quoique très-édifiant.

Il était juste qu'après nous avoir montré l'empire de la religion chez les Sauvages, vous cherchasssiez à visiter les lieux saints, afin de recueillir sur le tombeau du Rédempteur, de nouvelles inspirations pour venir évangéliser au milieu de vos compatriotes. Aussitôt vous vous mettez en route, et de Paris à Jérusalem, vous donnez la plus pompeuse description de tous les gîtes où vous avez séjourné, de quelques aventures communes à tous les voyageurs. Vous êtes trop ému pour vous livrer à aucune observation utile. Aussi, la seule chose que nous ayons appris de vous, c'est que vous avez fait des efforts inutiles pour évoquer l'ame du héros de Lacédémone : trois fois vous faites retentir la plaine du nom de Léonidas, et l'écho seul, répond à votre impuissant appel.

Vous n'avez pas conservé, Monsieur, le sang froid nécessaire pour juger, avec sagesse, des différens spectacles que vous présentaient les sites que vous dites avoir parcourus, et loin de décrire les lieux et le tombeau que vous alliez visiter avec cette religieuse modération qui convenait à la sainte majesté de votre sujet, vous avez, par une de ces inconséquences qui vous sont familières, adopté le style de la mythologie la plus profane.

Personne ne vous a contesté les faits, parce

que personne n'était à même de les vérifier, et que l'on a regardé comme un devoir de s'en rapporter à un pieux personnage, voyageant pour son salut, pour l'édification universelle, et trop timoré pour mentir.

J'ai pourtant su depuis, Monsieur, que quelquefois vous vous étiez permis d'embellir la vérité aux dépends de l'exactitude, et que, dans vos descriptions, il vous était souvent arrivé d'écouter la fougue de votre imagination plutôt que la fidélité.

Votre itinéraire a été reçu avec plaisir; peu de temps après on en a ri : depuis long-tems il est oublié. Souvenez-vous du jugement qu'en a porté un homme d'un goût exquis. Il a dit : « Il y a dans l'itinéraire de M. de Châteaubriand beaucoup trop d'esprit si c'est un livre de poste, il n'y en a pas assez si c'est un voyage. »

Une conséquence naturelle de vos pieuses entreprises, Monsieur, était de chanter les honorables victimes de la Foi, et vous nous avez donné vos *Martyrs*.

Pour celui-là, c'est un peu trop fort; depuis

longtems nous étions accoutumés au *Marty-rologe* et à la *Vie des Saints ;* mais vous avez donné une nouvelle couleur à ces pieux récits, et, toujours avec votre style -gigantesque, vous avez ajouté l'impossible au surnaturel, sans raison, sans but, sans ordre, à moins que l'on ne prenne pour un motif ce qu'il a plu au public éclairé de qualifier de spéculation mercantille.

Mais laissons-là ces différens monumens des erreurs de votre jeunesse et de votre étonnante conversion. Passons à vos *Questions politiques*, et voyons succéder le publiciste au théologien.

Il y avait longtems, Monsieur, que vos *Questions politiques* étaient publiées lorsque je les ai lues, Je cours cependant avec le plus grand empressement après toutes les nouveautés ; il est probable que celle-là n'a pas fait une grande sensation dans ma province, puisqu'elle a été si longtems à me parvenir.

Après l'avoir bien médité, j'ai vu que vous n'avez rien fait de neuf. Vous avez compilé et rassemblé, quelquefois d'une manière assez incohérente, les opinions des différens publicistes, et, dans la préférence que vous avez accordé à quelques-unes, vous n'avez pas toujours travaillé pour l'honneur de votre discernement.

Vous prétendez que vous avez expliqué ce que c'était que le système représentatif, quand il avait commencé en France, quand il y avait fini. Permettez-moi, Monsieur, de vous demanquer à quelle page de votre ouvrage se trouve la définition du système représentatif ? Quels sont les monumens de notre histoire qui attestent son existence, et à quelle époque enfin vous rapportez sa dissolution ?

Vous conviendrez sûrement avec moi, Monsieur, que la première qualité du publiciste est la bonne foi dans le raisonnement, et je vois avec peine qu'un homme qui s'était placé si avantageusement dans l'opinion publique, ait manqué de cette indispensable qualité.

Ce n'est pas assez de vous porter cette accusation, il faut encore vous administrer les preuves ; or, voici ce qui vous est arrivé.

Vous avez écrit dans un tems de troubles ; vous avez saisi cette circonstance pour faire

croire à votre utilité ; vous avez orgueilleuse-
ment imaginé que le grand nom que vous
croyez avoir acquis en imposerait assez pour
que l'on crut également à votre capacité, et
vous avez rassemblé des mots incompatibles
et révolutionnaires, pour bâtir sur cet écha-
faudage un système dont bientôt on a vu la
fragilité.

Vous aves dit : On appelle gouvernement
représentatif le gouvernement d'Angleterre,
le gouvernement français, le gouvernement
des Pays-Bas ; donc il peut y avoir un gouvernement représentatif.

Mais vous n'avez pas réfléchi, Monsieur,
qu'il n'était pas dans la bonne règle du syllo-
gisme de conclure de l'imprudent amalgame
de deux mots, à la possibilité de la chose ; et
vous avez supposé défini le gouvernement
représentatif, au lieu de vous exposer à la difficulté de le définir, chose que vous étiez trop
éclairé pour ne pas savoir qu'elle était impossible.

De là, vous vous êtes engagé dans un laby-
rinthe de conséquences absurdes, et vous en

avez tiré des raisonnemens plus absurdes encore.

Vous auriez dû dire : Le gouvernement représentatif consiste dans telle ou telle organisation ; or, l'Angleterre, la France, les Pays-Bas sont régis d'après cette organisation ; donc leur gouvernement est représentatif.

Mais il était plus commode à votre système de dire : On appelle représentatif les gouvernemens d'Angleterre, de France et des Pays-Bas ; donc ces trois royaumes sont régis par le gouvernement représentatif.

Vous conviendrez, Monsieur, qu'avec une latitude aussi téméraire, il n'y a rien d'étonnant dans vos différentes assertions. Vous pouvez, en effet, en conclure que les chambres font partie du gouvernement ; qu'elles ont un pouvoir égal à celui du monarque ; qu'elles ont un droit égal au sien dans la confection de la loi, et qu'enfin les ministres doivent être sous la direction immédiate des chambres. Vous pouvez également en conclure à la nécessité du rétablissement de la noblesse héréditaire et de ses privilèges, au rétablissement des substitutions par ordre de primogéniture, malgré leur juste défaveur, et à celui du retrait lignager, malgré son origine suspecte.

Pendant que vous y étiez, Monsieur, il ne vous en coûtait pas davantage de provoquer le retour du droit féodal, et nous devons vous savoir quelque gré de n'avoir pas émis ce vœu coupable, à moins que, comme on me l'a dit à l'oreille, vous ne réserviez ce dernier effort pour une meilleure occasion.

Je confonds, Monsieur, pour abréger, votre rapport au Roi avec vos questions politiques, parce que cette dernière absurdité est une conséquence de l'autre, et qu'il entre dans mon caractère d'éviter les redites, malgré l'exemple contraire que vous m'avez fourni plus d'une fois.

Vous auriez dû, Monsieur, bien réfléchir à la position dans laquelle vous vous étiez mis par ces deux monumens de votre incapacité politique. D'abord, tous les gens raisonnables ont haussé les épaules, lorsque vos *Questions politiques* ont paru. Ensuite, vous avez vu quel usage le roi a fait de votre rapport, et ce

seul témoignage d'improbation, preuve irré-
fragable de sa sagesse, en dit plus que tous les
raisonnemens que je pourrais citer.

Aussi, Monsieur, vous avez vu le cas que
ce judicieux monarque a fait de vous à son
retour. A la vérité, il vous a nommé minîstre,
d'état, parce qu'il fallait récompenser un zèle
apparent; mais il ne vous a point appelé au
conseil, parce qu'il ne lui faut que des agens
prudens et justes.

Cette inaction, Monsieur, vous a donné de
l'humeur. Vous avez cru que, parce qu'on ne
vous employait pas, la chose publique était
en danger, et que, comme pair et ministre
d'état, *sans fonctions,* il était de votre devoir
de réparer un si grand malheur en *tirant le
canon de détresse et appelant tout le monde
au secours.*

Vous voyez bien, Monsieur, que c'est de
votre dernière imprudence que je veux parler,
et je ne serai pas long, parce que les grandes
questions ont été traitées contre vous, et que
M. le chevalier de l'Union a achevé votre dé-
confiture en appelant de la manière la plus
aimable le ridicule sur votre ouvrage.

Une première réflexion qui se présente, Monsieur, c'est qu'après avoir été le pensionnaire, l'agent et l'apologiste de l'usurpateur, vous vous regardiez avec effronterie comme la pierre angulaire de la monarchie. Voyez la note de la page 22 de la lettre de M. le chevalier de l'Union, et......, etc.

Réfléchissez ensuite à l'inconvenance de vos expressions : *Tirer le canon d'alarme et appeler tout le monde au secours.* C'est ainsi que dans le mois de mai 1793 le père Duchêne et ses complices avaient *tiré le canon d'alarme et appelé tout le monde au secours.* C'est avec ces affreuses provocations qu'ils ont fait décréter le gouvernement révolutionnaire, et qu'enfin, le 31 mai, ils ont amené la commune de Paris à la barre de la convention pour lui dicter des lois atroces. Frémissez de la simple appréhension d'un rapprochement, puisqu'on peut vous reprocher d'avoir employé le même langage que ces cannibales qui ont renversé la monarchie et couvert la France de deuil.

Vous devriez, Monsieur, vous accoutumer, si la manie d'écrire vous tient encore, à n'em-

ployer que le style convenable à votre but, à
ne vous en proposer qu'un honorable, et, sur-
tout, à ne pas tomber dans l'absurde inconséquence de défendre les intérêts même que
vous combattez.

Je ne peux pas vous quitter encore, Monsieur, sans vous faire remarquer deux ou trois
de vos paradoxes. Par exemple, vous prétendez
qu'il est dans le principe de la monarchie que
le Roi ne fasse rien, parce que ses ministres sont
responsables.

Vous répondez à une objection que vous
saviez bien que l'on vous ferait, et vous dites
que vous êtes loin de considérer le Roi comme
une simple idole ; qu'il a déjà une assez belle
portion d'autorité puisqu'il fait la guerre, la
paix, le budget; qu'il sanctionne et promulgue
les lois , etc., etc..

S'il fait toutes ces choses, suivant vous, il
agit dans un sens anti-monarchique. Si sa seule
fonction se réduit à les laisser faire, ce n'est
donc en effet qu'une simple idole qui, à raison
de son inaction, pourrait perdre le droit qu'il
a à notre reconnaissance et à notre amour.

Choisissez la partie de ce dilemme qui vous conviendra, et répondez-moi, si vous le pouvez.

Suivant vous, Monsieur, il faut beaucoup de ministres, non pas sous le rapport de l'utilité publique, mais pour contenter beaucoup d'ambitions. Je ne conçois pas comment un homme grave, s'occupant de choses sérieuses, parlant à un peuple éclairé, se donnant pour le législateur universel, déclarant avec une assurance plus que téméraire qu'il va tout arranger, que c'est de l'oracle qu'il va rendre que dépend le bonheur et la paix du monde, a pu se décider a laisser sortir de *dessous sa plume* une pareille ineptie. Vous pouvez avoir quelque projet, il est même plus que probable que vous avez l'ambition de parvenir un jour, mais vous eussiez dû dissimuler un peu plus votre espérance, et sur-tout, ne pas proposer un moyen aussi funeste de la réaliser.

De bonne foi, n'est-ce pas comme si vous aviez dit : « On crééra beaucoup de ministres, et, par conséquent, un jour, je serai compris dans l'organisation du ministère. »

Vous voulez que les ministres soient sous la

direction des chambres, et, pourtant, vous voulez qu'ils soient pris dans le sein même des chambres; qu'ils en fassent partie; qu'ils s'assurent de la majorité, et, enfin, qu'ils mènent les chambres.

Je ne sais pas, Monsieur, comment caractériser une semblable manière de raisonner. Il est probable que ceux qui ont pu s'arrêter un instant à votre système, ne se sont pas donnés la peine de rapprocher les différentes branches qui composent chacun de vos raisonnemens.

Ils auraient bientôt vu jusqu'à quel point il est impossible que des ministres soient responsables, et qu'ils n'ayent, pour accusateurs, que les députés qu'eux-mêmes mèneraient à leur volonté. Il suffit de cette seule réflexion, pour démontrer aux plus incrédules que, lorsque l'on aura besoin d'une organisation sage, ce ne sera pas à vous qu'il faudra s'adresser, et que l'on ne peut mettre trop de prudence et trop de circonspection avant de se décider à ajouter foi à vos assertions.

Je ne finirais pas, Monsieur, si je continuais l'examen de toutes les inconséquences dans lesquelles vous avez bien voulu tomber dans

votre ouvrage. Ce qu'il y a de plus affligeant,
c'est que, pour votre honneur, comme homme
de lettres, et par respect pour votre haute réputation, on est obligé de soutenir que vous
avez bien voulu vous tromper ; et que, pour
votre honneur, comme citoyen, et par respect
pour votre moralité, on est obligé de soutenir que vous n'avez pas compris la matière sur
laquelle vous écriviez.

Je vous ai parlé de quelques raisonnemens
particuliers, résultans de votre ouvrage, de son
style, et de l'inconvenance du projet que vous
annoncez de vous mettre en évidence, comme
le régulateur et le réparateur universel ; disons
un mot de votre idée générale, et, peut-être y
découvrirons-nous le même esprit de vertige
qui vous a conduit dans les détails.

Vous dites, dans votre chapitre premier,
qu'il ne peut y avoir de monarchie sans la
Charte ; et, dès le second chapitre, vous com-
mencez à détruire totalement la Charte. En ré-
duisant votre raisonnement à la règle du syllo-
logisme, c'est si comme vous eussiez dit :

« Il ne peut pas y avoir de monarchie sans
« la Charte ;

« Or, je ne veux point de monarchie ; donc
« je veux détruire la Charte. »

Je ne vois pas, Monsieur, comment vous
pourriez vous tirer de la difficulté qui vous est
présentée ci-dessus, et je ne suis point étonné
du dilemme que vous a proposé M. Marmet, à
la fin de son introduction.

Je ne vous dirai rien des calomnies que vous
vous êtes permises contre le Roi, contre le
peuple, parce que de pareilles absurdités ne
valent pas la peine d'être relevées, et qu'il n'est
pas un Français, même parmi vos plus chauds
partisans, qui, à l'instant où il vous a lu, ne
vous ait donné un démenti.

Je m'étais proposé, Monsieur, de vous
suivre, pas à pas, dans la réfutation des mille
et une erreurs que contient votre dernier ouvrage ; mais cela demande du tems. J'ai dû
m'expliquer, au moins provisoirement, sur
votre compte, pour que nos compatriotes,
qui connaissent ma franchise accoutumée, et
qui daignent m'honorer de quelque confiance,
ne prissent pas mon silence pour un assenti-
ment.

Vous devez être effrayé, Monsieur, des

justes reproches que vous vous êtes attirés pour les torts graves dont vous vous êtes gratuitement chargé. Par exemple, à supposer que votre ouvrage eût été composé, ce que je ne crois pas, antérieurement au 5 septembre, vous eussiez dû le supprimer, puisque, le 6, sa seule publication devenait un acte d'insurrection.

Quand on a lu votre *post scriptum*, et que l'on y a vu que vous affirmez que votre ouvrage était composé antérieurement au 5 septembre, l'étonnement redouble ; car, alors, vous ne pouviez plus avoir le moindre doute que les principes qui y sont développés étaient en contradiction manifeste avec ceux de l'ordonnance; il y est dit, en effet, qu'aucun des articles de la Charte ne pourront être modifiés, et que vous vous proposez de les changer tous. Bien loin de retirer votre ouvrage, comme le respect eût dû vous en inspirer la pensée, vous prétendez que l'ordonnance est une raison de plus pour sa publication, et que vous n'y voulez rien changer.

Réduisons encore votre conduite à un simple raisonnement, et vous verrez que c'est comme si vous eussiez dit :

« Je dois obéir au Roi ;

« Or, il m'ordonne de respecter la Charte, « et de n'y rien changer ;

« Donc je veux la détruire. »

Ainsi, de quelque façon que vous vous y preniez, Monsieur, il est évident que vous ne pouvez éviter le reproche d'être un RÉVOLU-TIONNAIRE, puisque tous vos discours et vos efforts tendent au renversement du seul moyen de stabilité et de tranquillité qui nous reste.

Voyez, Monsieur, quels sont déjà les effets qu'a produits votre ouvrage. Sitôt qu'il a paru, on a vu tout à coup renaître certaines espé-rances que la tranquillité publique avait, pour ainsi dire, éteintes. Les révolutionnaires ont dit :

La Charte fera la monarchie ;

Nous ne voulons pas de la monarchie ;

Donc nous sommes de l'avis de M. de C. qui, non-seulement n'en veut pas, mais en-core cherche à la détruire.

Il a l'air, dans ce moment-ci de nous pour-suivre ; mais c'est un des nôtres. La preuve de cela, c'est qu'en 1797 il était républicain, et que, pendant le règne de l'usurpateur, il avait totalement oublié son amour actuel pour la légitimité.

D'autres disent :

Nous ne voulons ni de la Charte, ni de la république, ni de la monarchie modérée. Nous ne voulons point de despotisme; nous voulons nos priviléges, nos droits, etc., etc.

Donc nous sommes de l'avis de M. le V. de C.... qui, au moyen de la confusion inséparable de son système, trouvera le moyen de nous débarrasser de tout ce qui nous gêne, et de nous procurer ce qu'il *nous faut.*

C'est aussi dans ce sens, Monsieur, que l'on a vu paraître, ces jours derniers, plusieurs pamphlets extraordinairement répréhensibles, dans lesquels on provoque ouvertement à la révolte, et qui, pour avoir trouvé le secret d'échapper, au moins en partie, à la police, n'en sont pas moins répandus avec la plus grande profusion.

C'est dans ce sens que les conspirateurs (et c'est la seule dénomination qui convienne au caractère dont ils se sont revêtus et à la sédition qu'ils propagent) font mettre dans les journaux anglais les plus insolentes diatribes contre l'ordonnance du 5 septembre et les ministres qui l'ont proposée, sans faire attention que leur insulte s'adressait directement au Roi, puisque, depuis, Sa Majesté, en retirant sa confiance à M. L. V. de C., a formellement déclaré que cette ordonnance était un acte direct de sa volonté.

On a publié une Lettre aux électeurs de 1816, dans laquelle on a cherché à influencer leur choix : on leur a dit que la chose publique ne pouvait être sauvée qu'autant qu'ils nommeraient les mêmes députés, qui, lors de la dernièee session, donnant le funeste spectacle de la plus dangereuse exaspération, de la plus coupable résistance, avaient inspiré les plus vives alarmes au peuple, et avaient ouvert à nos ennemis les plus riches espérances contre la stabilité dans laquelle nous avions eu le bonheur de nous réfugier.

La malveillance a saisi toutes les occasions de fomenter le trouble par les bruits les plus dangereux. On a représenté la famille royale dans un état de division qui ne tendait qu'à inspirer les craintes les plus vives. On a prétendu que les princes étaient séparés du monarque par des prétentions contraires, tandis que, par la noblesse de leur conduite et la loyauté de leur dévouement, ils ont constamment manifesté l'intention d'être les heureux coopérateurs de sa sagesse et de sa prévoyance ; tandis que, d'un bout du royaume à l'autre, leur auguste présence a été le gage de la paix et de la tranquillité ; tandis que, dans toutes les circonstances, ils se sont empressés de donner le touchant exemple de la soumission et de l'amour.

Ainsi, Monsieur, vous voyez que, par votre indécente levée de bouclier, vous n'avez pu attirer à votre parti que cette espèce d'homme qui ne se repose jamais dans la paix, et dont le seul caractère est l'agitation, parce que leur seule espérance est dans la confusion.

On vous eût pardonné, Monsieur, lorsque, victime inexpérimentée de la fougue de la jeunesse, vous aviez renoncé à tous les principes pour attirer sur vous les regards par la création d'un nouveau système ; mais depuis, vous aviez noblement confessé vos erreurs ; vous aviez été ramené à la vérité par vos *larmes*, et suivant la route que cette auguste fille du ciel vous avait tracée, vous auriez dû écouter avec docilité ses inspirations salutaires, et vous réunir à vingt-cinq millions de Français pour ne voir dans l'obéissance que de la fidélité, et ne reconnaître dans l'ordre qui a été donné, que l'ouvrage de la sagesse du monarque et le gage du bonheur du peuple.

J'espère, Monsieur, que les différentes réflexions qui vous ont été proposées par plusieurs de nos concitoyens, vous auront ramené à cet état de justice et de paix dont vous n'auriez jamais dû vous écarter, et que vous vous empresserez d'effacer la tache dont vous avez souillé votre caractère, par une rétractation authentique et franche, en donnant l'exemple d'une soumission qui n'est en rien avilissante, puisqu'elle n'est autre chose que le principe et la garantie de la tranquillité publique.

Si, par hasard, Monsieur, un pareil désaveu pouvait causer à votre orgueil quelques petits froissemens, réfugiez-vous dans le silence ; ne vous exposez plus à une lutte dans laquelle vous ne pourriez apporter assez de force pour résister à vos nombreux adversaires, et vous en trouverez autant qu'il y a de bons Français.

Si la démangeaison d'écrire vous tient encore, *faites des voyages ou des romans ;* si vous ne pouvez pas renoncer à la manière ampoulée de votre style, on ne vous lira pas, et le mal sera pour vous seul, ou tout au plus, pour votre libraire, qui, sur l'étiquette du sac, vous aurait honoré d'uue confiance indiscrète.

Mais ne parlez jamais de politique, parce que vous n'êtes pas assez fort, si vous êtes de bonne foi ; ou que vous êtes trop dangereux, si votre intention est de propager de semblables erreurs.

Je vous demande pardon, Monsieur, de la franchise un peu sévère avec laquelle je vous ai entretenu de vos différentes productions. J'aurais pu, si j'en avais eu le tems, multiplier les preuves de ce que j'avance. J'ai préféré ne vous donner que de simples indications, pour ne pas trop affecter votre sensibilité.

Je vous prie de ne regarder ma lettre que

comme le résultat de l'intérêt bien tendre que je prends à votre réputation, et comme un témoignage de la haute considération avec laquelle

J'ai l'honneur d'être, Monsieur,

Votre dévoué compatriote,

LE C. DE K***

www.ingramcontent.com/pod-product-compliance
Lightning Source LLC
Chambersburg PA
CBHW061337050726

47595CB00005B/1965